流淌的中华文明史

了不起的文物

杜莹◎编著　朝画夕食◎绘

四川少年儿童出版社

图书在版编目（CIP）数据

流淌的中华文明史. 了不起的文物 / 杜莹编著；朝画夕食绘. -- 成都：四川少年儿童出版社，2024.9.
ISBN 978-7-5728-1610-9

Ⅰ.K203-49；K87-49

中国国家版本馆CIP数据核字第2024444LL8号

出 版 人：余 兰	封面设计：张 雪 汪丽华
编 著：杜 莹	插画设计：夏琳娜 赵 欣 马 露
绘 者：朝画夕食	美术编辑：苟雪梅
项目统筹：高海潮 周翊安	责任印制：李 欣
责任编辑：周翊安	

LIUTANG DE ZHONGHUA WENMINGSHI LIAOBUQI DE WENWU

书 名：流淌的中华文明史 了不起的文物	成品尺寸：203mm×203mm
出 版：四川少年儿童出版社	开 本：20
地 址：成都市锦江区三色路238号	印 张：5
网 址：www.sccph.com.cn	字 数：100千
网 店：scsnetcbs.tmall.com	版 次：2024年10月第1版
经 销：新华书店	印 次：2024年10月第1次印刷
印 刷：成都鑫达彩印印务有限责任公司	书 号：ISBN 978-7-5728-1610-9
	定 价：25.00元

版权所有　翻印必究

若发现印装质量问题，请及时与市场发行部联系调换

地　　址：成都市锦江区三色路238号新华之星A座23层四川少年儿童出版社市场发行部
邮　　编：610023

你知道吗？

翠柏路小学五年级学生

姓名：夏小满

身份：问题研究所所长

个性：热爱历史，对万事万物充满好奇心。

口头禅：你知道吗？

最大的愿望：发明时空门，穿越回古代，亲眼看看那些历史名人是不是和书本上画的一样。

为什么呢？

夏小满的同桌和邻居

姓名：王大力

身份：问题研究所首席研究员

个性：热衷考古和品尝各地美食。

口头禅：为什么呢？这到底是为什么呢？

最大的愿望：守护、传承中华文明，探寻历史长河里所有有趣好玩的故事。

问题

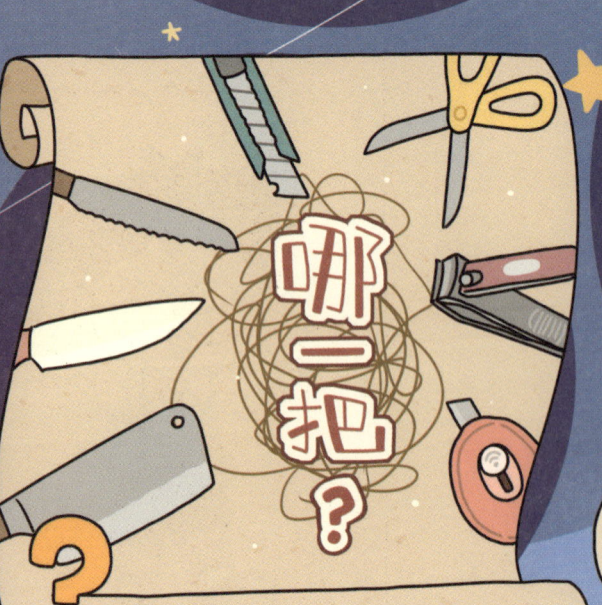

听说，世界上最轻的衣服只有一颗鸡蛋那么重？

哪一把？

可以当钱花的小刀，你见过吗？

同时拥有千里眼和顺风耳的大神长啥样？

研究所

假笑女孩
话说东方微笑秒杀西方蒙娜丽莎？

水饺 面条
了解一下？
5星好评
有兴趣了解一下宋朝小广告吗？

模仿美人鱼？
飞鱼服是指长了鱼尾巴的礼服吗？

哈哈哈哈哈哈哈哈哈哈

不知道了吧!快和我们一起去书中寻找答案吧!

大家去过博物馆吗?
那儿都藏着哪些绝世大宝贝呢?

价值连城的陶器和青铜器!

闪闪发光的珠宝、玉石!

不全对

博物馆里收藏的是我们老祖宗智慧的结晶,是灿烂的中华文明。

想要了解这些熠熠生辉的 国之宝藏 吗?

快跟着 问题研究所 的小满和大力去推开博物馆的大门吧!

目录

- 一只长鼻子的猪 —— 猪纹陶钵 / 01
- 聪明的渔夫 —— 船形彩陶壶 / 05
- 型男的自我修养 —— "后母戊"青铜方鼎 / 09
- 伤害野生动物的工匠不是好艺术家 —— 妇好墓嵌绿松石象牙杯 / 13
- 住在太阳里的鸟 —— 太阳神鸟金饰 / 17
- 牛饮一吨?! —— 错金银云纹青铜犀尊 / 21
- 小小的竹简大大的世界 —— 睡虎地秦简 / 25
- 小心!有神兽出没 —— 四灵瓦当 / 29
- 不要在我的伤口上撒盐 —— 盐场画像砖 / 33
- 古代的黑科技 —— 长信宫灯 / 37
- 小个子托起大巨人 —— 雷台墓铜奔马 / 41
- 国货的高光时刻 —— 满城汉墓玻璃耳杯 / 45
- 保鲜的谎言 —— 中山靖王刘胜的金缕玉衣 / 49
- 一把可以当钱花的刀 —— 金错刀币 / 53
- 卷轴里的神仙姐姐 —— 《洛神赋图》 / 57
- "王子"和公主的跨国婚姻 —— 《步辇图》 / 61
- 天才少年遇见奇葩皇帝 —— 《千里江山图》 / 65
- 宋代的广告 —— 济南刘家功夫针铺广告青铜板 / 69

01
一只长鼻子的猪

猪纹陶钵(bō)

你见过五千年前的猪吗?

猪兄,那是你爷爷的爷爷的爷爷的爷爷……

了不起的文物

不得不说河姆渡人是天生的艺术家,仅用寥寥数笔,一只憨态可掬的猪就出现在黑色的陶钵上。不过,你真的确定这个长鼻子怪是只可爱的小猪猪吗?

博物馆:浙江省博物馆

出土地:浙江省余姚市河姆渡镇

这可是一头来头不小的猪。

论来头,猪界还有谁能与我天蓬元帅抗衡的?

猪纹陶钵

这头有着长鼻子、短尾巴、浑身长满牙签似的长毛的"猪爷爷"可能正处于野猪向家猪驯化的过程中。新石器时代，在我国的黄河流域和长江流域分别出现了动植物驯化技术，这些地区是世界上最早开始动植物驯化的文明发源地之一。

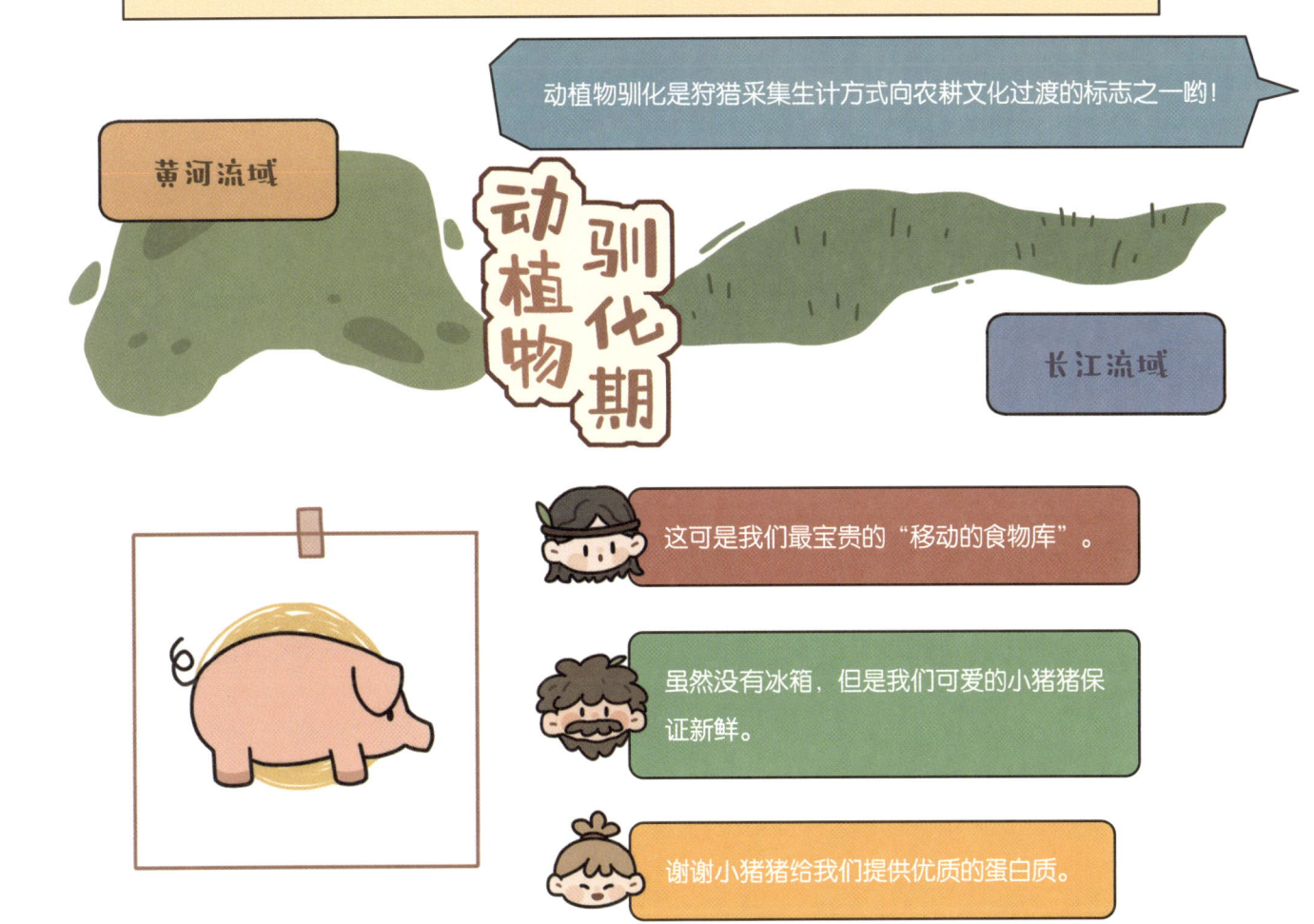

动植物驯化是狩猎采集生计方式向农耕文化过渡的标志之一哟！

黄河流域

动植物驯化期

长江流域

这可是我们最宝贵的"移动的食物库"。

虽然没有冰箱，但是我们可爱的小猪猪保证新鲜。

谢谢小猪猪给我们提供优质的蛋白质。

03

了不起的文物

野猪是怎样被慢慢驯化成家猪的呢？

野猪溜到古人的房子周围找吃的 → 古人开始了解野猪的生活习性 → 发现了野猪窝

猪生猪生猪生猪…… ← 小猪们长大后，有了自己的小家 ← 精心喂养、照顾它们 ← 趁着野猪妈妈外出觅食时，抱走几只小猪仔

你知道吗？

每吃100斤饲料，猪和牛能各长多少斤肉呢？

据科学家计算，每吃100斤饲料，猪大约可以长18斤肉，牛只能长6斤肉左右。猪的产出效率是牛的近3倍。

100斤

我果然是性价比之王！

+18 +6

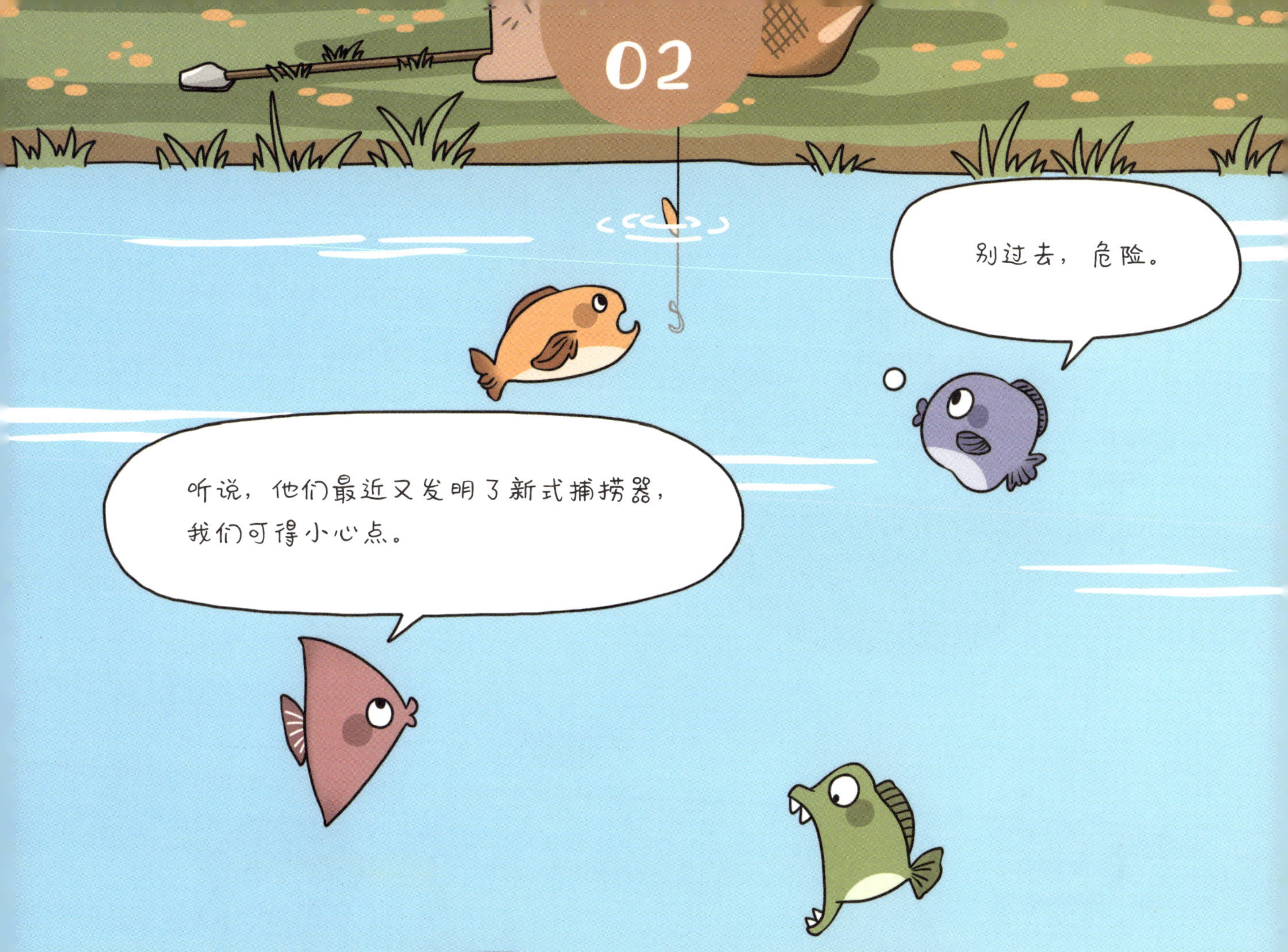

聪明的渔夫

船形彩陶壶

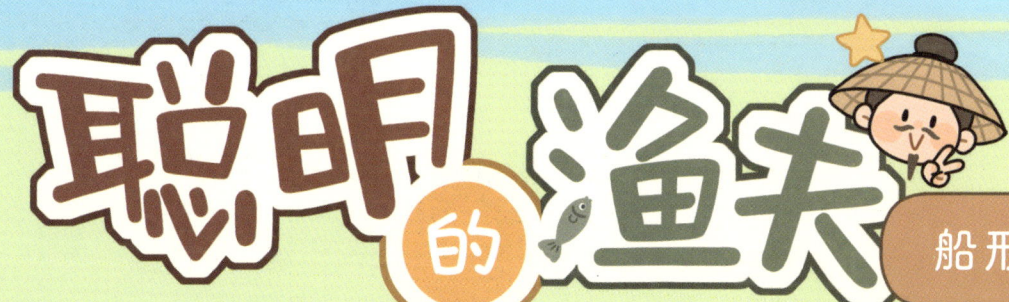

了不起的文物

> 这件彩陶壶的样子可真是特别,看着像一艘菱角形的小船,还有两个双耳用来穿绳,为的是方便主人随身携带。

学我学得还挺像!

- 🏛 **博物馆**:中国国家博物馆
- ⛏ **出土地**:陕西省宝鸡市北首岭

那它是用来干什么的呢?

它是用来装水的壶。

既方便 又时尚

06

这个彩陶壶除了样子吸引人，壶身两面绘制的图案也格外引人注目，上面画的是一张大渔网。远看整个壶身，好像渔网挂在船沿上，这是渔民刚刚捕鱼归来，正在晾晒渔网的情形。透过这件陶壶，我们仿佛看到了新石器时代的先辈划着小船撒网捕鱼的劳动场景。

大家发现渔网边上的小三角形了吗？

这可能是"网坠"，是一种使用渔网捕鱼时的辅助性工具，主要作用是系在渔网的边缘，让网迅速下沉，提升捕鱼的成功率。

捕鱼神器榜 ▸ 渔网 | 网坠 | 鱼钩 | 鱼镖 | 鱼叉 | 骨鱼卡

了不起的文物

你知道吗？

除了这个船形的水壶，当时的人们还有其他样式的水壶吗？

最有名的要数这个嘴巴小小、底盘尖尖的小口尖底瓶啦。

它也是一种装水的容器。你是不是很好奇，这个尖尖的水壶是怎么装水的呢？有专家认为，正因为它独特的尖底造型，一放入水中就很容易沉下去，入水后又由于浮力和重心的关系自动横起来灌水，同时它的小嘴巴能防止搬运时水溢出来。基于这些优点，小口尖底瓶可是当时人们非常重要的取水工具。

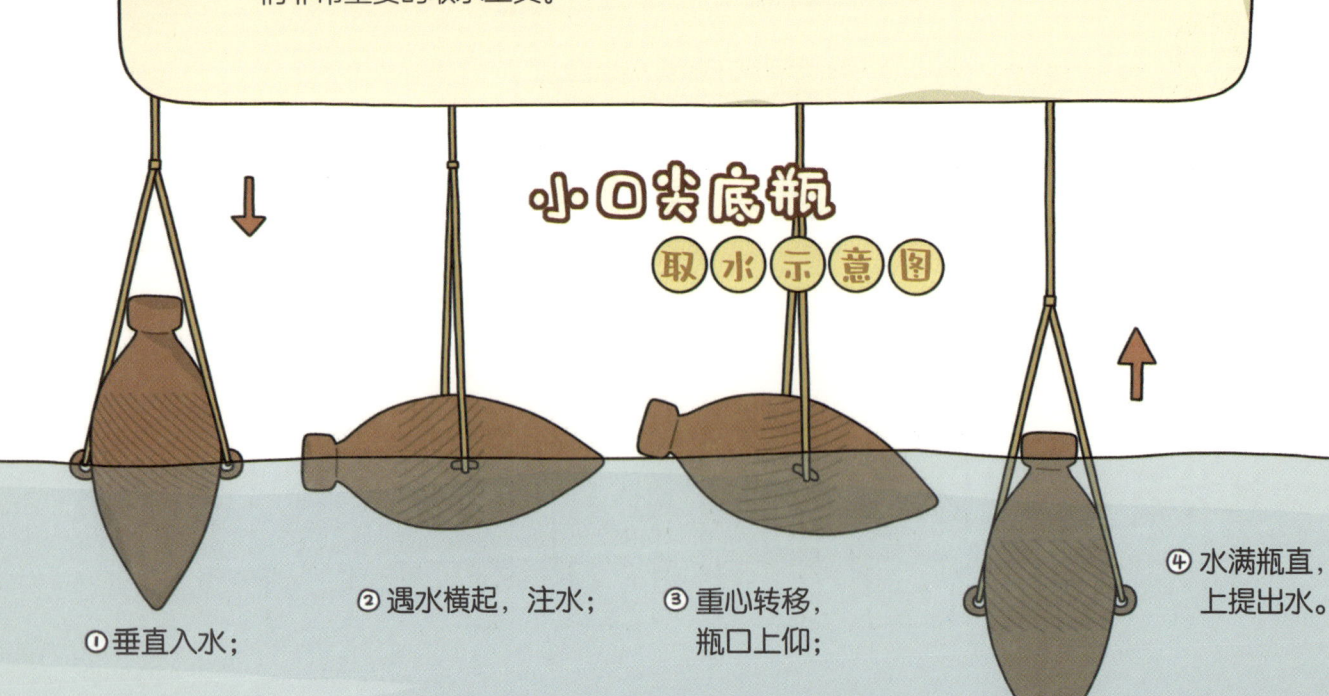

小口尖底瓶 取水示意图

① 垂直入水；
② 遇水横起，注水；
③ 重心转移，瓶口上仰；
④ 水满瓶直，上提出水。

03

我跟你讲，最近我一直在练肌肉，在我们那片已经是第一力量强者了。

说什么呢？就你那小身板，我让你看看什么叫肌肉猛男。

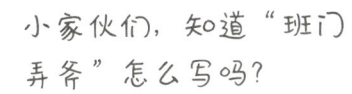

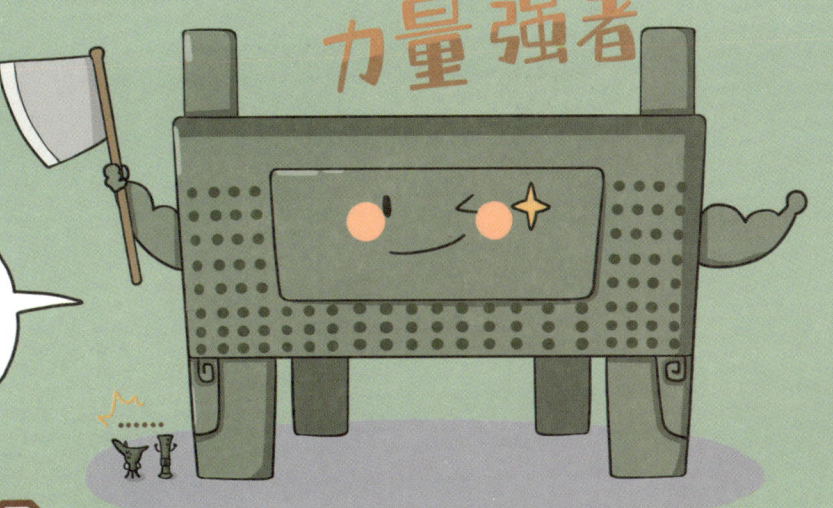

力量强者

小家伙们，知道"班门弄斧"怎么写吗？

型男的自我修养

"后母戊"青铜方鼎

了不起的文物

"后母戊"青铜方鼎原来叫"司母戊"青铜方鼎。理由是大鼎的肚子里刻着这三个字。可后来,为什么又改名字了呢?

因为专家经过考证应该是"后"字。"后"有君主的意思,所以"后母"指的是君主的母亲,"戊"是名字。"后母戊"三个字连起来的意思就是"君主的母亲戊"。

博物馆:中国国家博物馆

出土地:河南省安阳市武官村

> 就知道你们误会我是后妈啦。

"后母戊"青铜方鼎

"戊"是商王武丁的妻子,她的儿子为了祭祀自己的母亲铸了这个大鼎。

> 好孩子,做鼎就做鼎吧,还非得整得这么大!

"后母戊"青铜方鼎造型浑厚雄伟,是我国目前发现的最大、最重的青铜礼器。鼎的四周铸有盘龙纹和饕餮纹,精巧又不失大气。

鱼纹

双虎食人首纹

饕餮纹

> 什么时候大白纹也能出现在文物上呢?

11

了不起的文物

"后母戊"青铜方鼎的身上伤痕累累,它的腿上有被锯过的痕迹,一个耳朵也被砸掉过。原来,青铜方鼎当年差点被村民误卖给文物贩子,文物贩子提出要拆解此鼎运回北京,但它太结实了,只掉了一只耳朵。文物贩子的收购计划只能泡汤,它的身上因此也留下了这么多的锯痕。之后,此鼎又差点落入日本人之手,幸得老百姓合力保护,这个重量级的珍宝最终才幸免于难。

多谢大家的关照!

你知道吗?

前文提到过的商王武丁大家还记得吗?他不但是位精明能干的君主,还是位特别长寿的帝王。你知道武丁在位多长时间吗?

武丁在位 59 年,历史上称这段时间为"武丁中兴"。

敬佩我吧!

武丁中兴
59年超长待机
膜拜

04

野生动物不是艺术家
伤害生动物的工匠

妇好墓嵌绿松石象牙杯

了不起的文物

这是一件商晚期用象牙做的酒杯，杯身仿造青铜酒器——"觚"制成，把手是选用另一根象牙精雕细琢之后镶嵌上去的。杯子原本洁白无瑕，因为年代久远氧化成了米黄色。杯子上面还镶嵌着绿松石，其幽深的蓝绿色泽更是赋予了它神秘的色彩。

博物馆：中国社科院考古所

出土地：河南省安阳市殷墟妇好墓

> 悄悄告诉你，这绿松石可是女娲用来补天的灵石哟！

> 野生动物保护组织正以百米冲刺的速度赶来。

商人

14

在夏商周时期，绿松石可是威严与权力的象征。在世界各大文明古国的重大仪式上，绿松石也都扮演了重要的角色。

美洲的印第安人相信这种宝石有着莫大的胜利意义，会给猎人带来猎物，给士兵带来战利品，还可以作为护身符。

在古埃及国王和王后木乃伊的装饰物和首饰上也都镶嵌着绿松石。

在众多的祭祀器具中，青铜器和象牙器是最常见的，这件嵌绿松石象牙杯带我们窥见了商代神秘的祭祀文化。

了不起的文物

商代的人很迷信鬼神，他们认为人世间的一切都由老天爷决定，老天爷高兴了，就能赐福于人间；要是不高兴了，那人类就要遭遇灾难。所以，他们热衷于各种祭祀：生病了，要祭祀；收成不好了，要祭祀；出门打仗，要祭祀；甚至做噩梦了，都要祭祀。

> 不要天天来找我啊，我也很忙的。

你知道吗？

这件器物的主人是妇好，她除了是商王武丁的妻子，还有另一个身份。你知道是什么吗？

王后妇好还是中国历史上第一个带兵打仗的女将军，她骁勇善战，帮武丁开疆拓土，是位不折不扣的女中豪杰。

女将军 + 王后

妇好

05 住在太阳里的鸟

太阳神鸟金饰

来屋里坐坐呀!

不了,不了!

了不起的文物

这件薄如蝉翼的金饰刚出土的时候像是一个揉在一起的纸团,专家们小心翼翼地将它展开复原,才露出了它的"庐山真面目":上面有十二条旋转的齿状光芒,这个造型既像一个旋转的火球,又像一个运转中的太阳,光芒外有四只鸟儿正围着飞翔。

博物馆:成都金沙遗址博物馆

出土地:四川省成都市金沙遗址

这不就是"金乌负日"的神话传说吗?

重倒是不重,就是背着有点烫。

太阳神鸟金饰

金乌是中国古代神话传说中的神鸟。古人认为太阳里住着一只三足乌鸦，太阳的金光把它的羽毛都染成了金色，所以称它为"金乌"。因为"金乌"每天背着太阳准时上下班，所以才有了日出日落。太阳神鸟金饰是古蜀人表达对太阳及神鸟的崇拜之情的实物体现。

小金，这么着急呢？

赶着上班打卡呢，迟到得扣工资了。

"4"和"12"又有什么特殊含义呢？

× 4 = 四季　　　× 12 = 十二个月

这可不是古蜀人随意而为：每只鸟对应3个月牙状的光芒，代表一个季节（3个月），4只神鸟就代表着春夏秋冬四季轮回。金饰内圈的12道齿状光芒，像一轮轮弯月，表示一年12个月的周而复始。这说明当时的古蜀人已经有了四季轮回、年年月月、周而复始的概念了。

你知道吗？

平时我们说的 18k 金，是指黄金含量达到 75% 的合金，那这件太阳神鸟金饰的含金量是多少呢？

答案是 94.2%。

> 这件金饰的含金量高达 94.2%，纯度那是相当高了。

94.2%

厉害

06

牛饮一吨？！

错金银云纹青铜犀尊

这包装，牛！

了不起的文物

这件栩栩如生的青铜犀牛是用来干什么的呢?

- 摆件 ✗
- 模型 ✗
- 玩具 ✗

博物馆：中国国家博物馆

出土地：陕西省兴平县（今兴平市）吴乡豆马村

其实，我是只酒壶。

古人很喜欢把酒器做成动物的造型。

大象　兔　鸭子　猪

我们都是酒器。

在古代，我国的犀牛数量众多，还留下了很多记载：

新石器时代
其遗址中出土了犀牛骨。

殷商时期
龟甲兽骨上记录了商王武丁猎获犀牛的事情。

春秋战国时期
用犀牛皮做成的犀甲是将士们梦寐以求的装备。

说多了都是泪。

但是由于大规模的捕杀，犀牛数量急剧减少，到了西汉时期，汉中一带的犀牛都快绝迹了。

犀牛也太可怜了吧！

保护动物，人人有责！

了不起的文物

这件青铜犀尊把犀牛昂首伫立的风姿和雄健壮实的体态刻画得惟妙惟肖。它的背部有个形似马鞍的小盖子，可以拿起来往里面注酒；嘴巴右边有个圆形的"流"，可以倒酒出来。犀尊周身都镶嵌着细如游丝的金线、银线，华美无比，熠熠生辉。

你知道吗？

你知道这种把金线、银线镶嵌在器物表面的工艺叫什么吗？

这种工艺叫作错金银，也叫金银错，是一种被列入国家级非物质文化遗产名录的传统工艺美术。错金银工艺最早见于春秋时期，主要用于装饰各种青铜器，为器物增添了华美之感。

这可真是个精细活儿！

错金银

07 小小的竹简 大大的世界

睡虎地秦简

知识就是力量！

芝士真好吃！

知识就是重量！

了不起的文物

睡虎地秦简也叫云梦秦简，它的主人名叫"喜"，是秦始皇的属下，担任着跟法律有关的职务。云梦秦简上面密密麻麻地写满了字，内容大多与秦的法律和文书相关，这让我们感知到了2000多年前秦代的<u>法律制度</u>。

博物馆：湖南博物院

出土地：湖南省长沙市马王堆汉墓

> 我大秦的律法严苛那可不是吹的！

秦始皇

我们的祖先发明了文字，从蒙昧走向了文明，把精彩的历史故事、丰富的知识、先进的经验……用文字传承下去。

所以，我们才能站在巨人的肩膀上继续开拓创新！

在纸没有出现之前，人类的书写材料有哪些呢？

苏美尔人在泥板上记录。

古埃及人在莎草纸上书写。

古希腊人发明了蜡板。

为什么我会在这里……

我们的祖先对乌龟下了手。

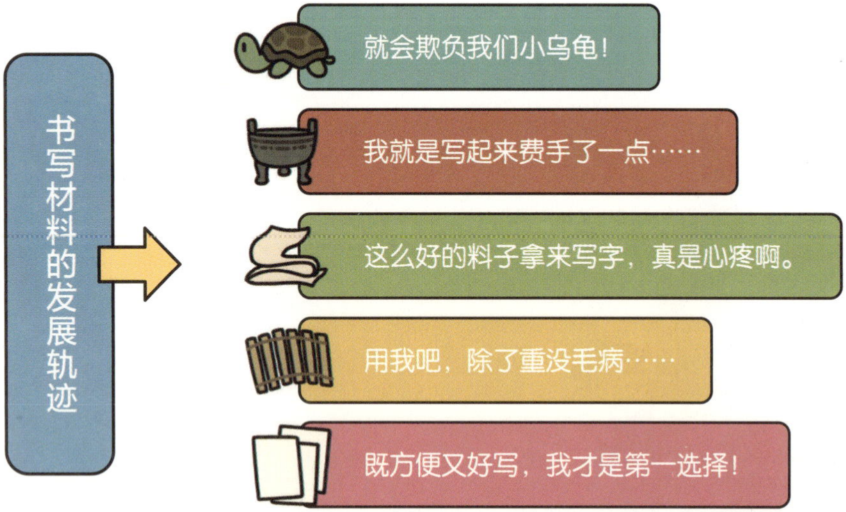

了不起的文物

书写材料的发展轨迹 →

- 就会欺负我们小乌龟！
- 我就是写起来费手了一点……
- 这么好的料子拿来写字，真是心疼啊。
- 用我吧，除了重没毛病……
- 既方便又好写，我才是第一选择！

你知道吗？

我国文字的发展轨迹是怎样的呢？

甲骨文→金文→小篆→隶书→楷书

甲骨文 → 金文 → 小篆 → 隶书 → 楷书

08

小心!!有神兽出没

四灵瓦当

站累了，我出去散散步。

了不起的文物

> 瓦当是屋檐构成中很重要的一部分，"四灵瓦当"是用陶土烧制的，上面有青龙、白虎、朱雀、玄武的图案。早在西周时期，建筑物上就已经有了瓦当，只是最初的瓦当是 半圆形 的，后来才发展为 圆形 。

博物馆：上海博物馆

这做得也太精致了吧！

青龙　白虎　朱雀　玄武

30

···●四灵瓦当

这些圆圆的瓦当有什么作用呢？

瓦当挡在瓦片的前面，能防止瓦片掉落。

交给我，准没错！

修建房屋时，先要用长木头架起屋顶。长木头的顶端暴露在外面，日晒雨淋很容易被侵蚀，瓦当就起到了一定的保护作用。

瓦当上的各种纹饰，也起到美化建筑、提升颜值的作用。

瓦当上的四灵可不是普通的动物，它们是能呼风唤雨的神兽，在古代分别代表东、西、南、北四个方位，还有驱邪除恶、镇宅祈福的寓意。

北 西 东 南

了不起的文物

瓦当除了用陶土烧制，还有用别的材料做成的吗？

汉代的瓦当基本上是以陶土为主。

大约唐代以后出现了琉璃瓦当，颜色丰富多彩，主要用在等级较高的建筑物上。

到了宋元明清时期，个别建筑物上使用了金属瓦当，金灿灿的，格外耀眼。

你知道吗？

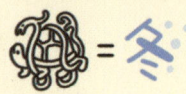

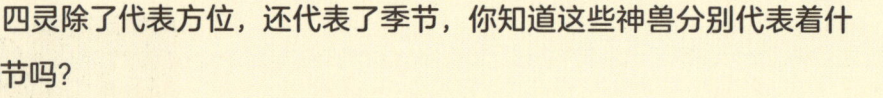

四灵除了代表方位，还代表了季节，你知道这些神兽分别代表着什么季节吗？

青龙代表春天，朱雀代表夏天，白虎代表秋天，玄武代表冬天。

🐉=春　🐅=秋

🦅=夏　🐢=冬

> 今年的玄武季来得有点早啊！

09

不要在我的伤口上撒盐

盐场画像砖

什么盐？居然这么贵！

了不起的文物

画像砖就是印有各种画像、花纹的砖块，主要用在 墓葬 中。这块盐场画像砖重现了东汉时期蜀地的自然生态和井盐生产的繁忙景象。

要知道，盐现在看上去很不起眼，但在古代却关系着一个国家的兴衰。

博物馆：四川省博物院

出土地：四川省成都市扬子山

盐在古代居然这么重要！

我就是平平无奇的小可爱！

盐场画像砖

健康

盐对人的身体来说是不可缺少的物质。人可以不吃肉、不吃甜、不吃辣，但是如果长时间不吃盐的话，身体机能就会被破坏，从而影响健康。

保存食物

而且，盐对于古代的人来说还发挥着等同于冰箱的功效。鱼、肉、蔬菜等食物很容易腐烂变质，但是用盐进行腌制，做成鱼干、火腿、腊肉、酸菜等就可以保存好几个月甚至数年。

远距离贸易

腌制食品除了保障老百姓长期的食物供给，商人还可以实现远距离的食品贸易，有点类似现在的冷链运输能延长食物保鲜期。

> 感谢盐巴，让我品尝到了人间美味。

> 感谢盐巴，让我走南闯北开拓贸易。

了不起的文物

盐的奇妙用处

牛奶 → 奶酪　牛肉 → 牛肉干　猪肉 → 腊肉　萝卜 → 腌萝卜

你知道吗？

井盐　海盐　池盐　岩盐　食盐

除了井盐，你还知道有哪些种类的盐吗？

除了井盐还有海盐、池盐和岩盐。海盐的原料就是海水，沿海地区的人们普遍食用海盐。内陆的居民主要食用池盐，池盐是从咸水湖采出来的盐，成分和海盐相同。岩盐则是从山体的岩石中开采出来的，一般作为化工用盐。

10 古代的黑科技

长信宫灯

1、2、3，我们都是木头人。

5 分钟过去了……
10 分钟过去了……
30 分钟过去了……

3000 年过去了……

了不起的文物

长信宫灯通体流光溢彩，显得华丽高贵，一看就知道不是凡品。这件铜灯原本是长信宫里的物件，长信宫是皇太后窦氏居住的宫殿，因此此物很有可能是窦太后赏赐给中山靖王刘胜的妻子窦绾的礼物。

博物馆：河北博物院

出土地：河北省保定市满城中山王刘胜墓

真漂亮呀！

那可不，也不看看是出自谁之手。

这件宫灯设计得**精妙绝伦**,将灯体做成一个宫女举灯的样子,无论是动作还是神情都惟妙惟肖;再通过巧妙的构造,不但可以调节光线还能避免黑烟熏到主人和家具。

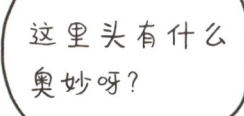

> 这里头有什么奥妙呀?

右臂 / 头部 / 灯罩 / 身躯 / 灯盘 / 灯座

原来,灯具人物的头部、身躯、右臂、灯座、灯盘、灯罩六个部分都是可以拆卸的。灯盘可自由转动,灯罩可开合自如,这样就可以根据需要随时调节灯光的亮度和照射的角度。

> 古人的铸造技艺真是太高超啦!

佩服

了不起的文物

至于燃烧产生的黑烟，可以通过宫女的右臂进入灯内，烟尘就附着在宫灯的内部，不会污染空气，保持室内的清洁。需要的时候还可以拆卸清洗，非常方便。

你知道吗？

古时候没有电灯，一到晚上古人就会点上油灯或者蜡烛来照明。汉代的灯油是用动物的油脂做成的，你知道是用什么动物的油脂吗？

他们主要用的是鱼油和羊油。

就是我们啦！

鱼油　　羊油

小个子托起大巨人

雷台墓铜奔马

我踩到什么了？

我滴个马呀！

了不起的文物

这件驰名中外的铜奔马有着令人叹为观止的艺术造型。马儿昂首嘶鸣，一脚踏在一只小小的飞禽身上，腾空而起，马蹄下的小飞禽好像正吃惊地回头张望，心中一定满是问号：哪里来的庞然大物啊？

博物馆：甘肃省博物馆

出土地：甘肃省武威市雷台汉墓

谁啊？这么不文明。

正是你小马哥。

雷台墓铜奔马

关于马蹄下的这只小飞禽，专家们可是争论不休。

有人说是马踏飞燕。

原来，我是只小燕子！

有人说是马超龙雀。

龙雀是传说中的神鸟，能将神鸟踏在脚下，寓意骏马的奔跑速度快过风神。

这牛吹大了吧。

风神

有人说是马逮金乌。

古人把金乌认为是太阳的代称，能逮住金乌，就说明这是一匹名副其实的千里马。

不管马儿脚下踩的是何方神圣，都衬托出此骏马矫健俊逸，动若疾风。

跑步？我跑得也很快。马兄，我们比比！

需不需要我的帮忙？

43

了不起的文物

> 原来,我还是混血儿啊。

汉武帝时期,有人还从西域专门引进了赫赫有名的"汗血宝马"。根据铜奔马的体形推测,它的原型很有可能是西域的汗血宝马和蒙古草原马杂交产生的改良品种。

你知道吗?

> 谁?我吗?!

> 没错,就是您。乌鸦先生不要谦虚了!

古人认为太阳东升西落是因为有金乌驮着它,所以金乌就成了太阳的代称,那你知道金乌到底是什么鸟吗?

金乌的原型就是乌鸦。没想到吧!乌鸦在古时候还是神鸟呢。

12 国货的高光时刻

满城汉墓玻璃耳杯

最强国货展销会!!

来自大唐的新款女装，来自大宋的汝窑瓷花瓶，来自西汉的玻璃杯。走一走，瞧一瞧，最强国货你值得拥有！

了不起的文物

这件器物晶莹如玉,看上去呈半透明状。刚出土的时候,大家都深感疑惑,这到底是什么材质,玉器还是瓷器?

其实,这是一件玻璃器。它是目前我国出土最早的一件国产玻璃餐具。

博物馆:河北博物院

出土地:河北省保定市满城汉墓1号墓

哇!这个颜色看起来也太美了吧!

江湖地位不容撼动!

满城汉墓玻璃耳杯

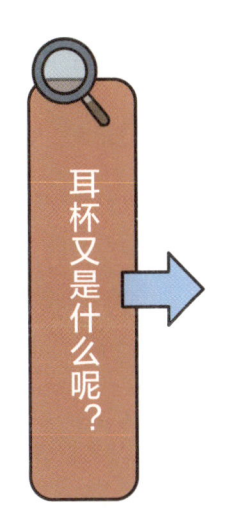

耳杯又是什么呢？

耳杯其实就是餐具。耳杯的造型非常有趣，器身呈椭圆形；两侧有一对耳朵，最常见的"耳朵"呈新月形。不过，战国、秦汉时期也能见到其他形状的耳杯，比如方形或者蝶形的。

那么，耳杯中一般盛放些什么呢？

- 香甜浓郁的美酒
- 鸡肉、鱼肉等菜肴
- 用于提味的作料、调味品

不得不说，古人对于吃这件事可真讲究！

47

了不起的文物

在马王堆汉墓出土的漆耳杯底,有些刻有"君幸酒",有些刻了"君幸食"。大家想象一下,当大人喝完了杯中的美酒,发现杯底写着"祝您饮酒愉快";当你享用美食,吃了个底朝天,看到杯底写着"祝您用餐愉快",心情是不是大好!古人还真是既可爱又充满生活情趣。

你知道吗?

我们现在知道了,满城汉墓玻璃耳杯是我国出土最早的玻璃餐具,那有没有比它更早的玻璃器物呢?

据考古发现,目前我国境内出土最早的可以被称为玻璃器物的是在新疆轮台地区发现的蜻蜓眼,其出现的年代大约是在春秋晚期。蜻蜓眼有点像我们现在的装饰珠子,因为很像蜻蜓的复眼,因而得名。

蜻蜓眼

13 保鲜的谎言

中山靖王刘胜的金缕玉衣

保鲜技术大赛决赛现场

保鲜一流！

VS

我才是地表最强！

了不起的文物

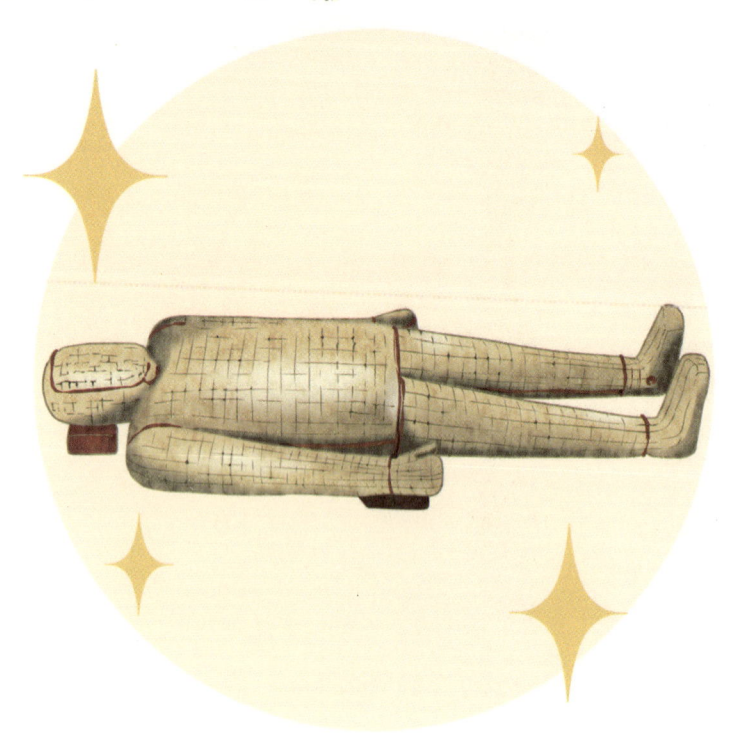

这件金缕玉衣的主人叫 刘胜，是汉景帝刘启的儿子、汉武帝刘彻的兄长。他被汉景帝封为第一代中山靖王。他的这件玉衣共用玉片 2498 片，金丝重约 1100 克。

博物馆：河北博物院

出土地：河北省满城县中山靖王刘胜墓

> 正是因为我不凡的身份，才配得上这么珍贵的金缕玉衣。

刘胜

中山靖王刘胜的金缕玉衣

其实，这是一场以讹传讹引起的误会。

为什么人死后要穿用玉片拼装起来的衣服呢？

公元 25 年，相传赤眉军西攻长安，掘了西汉帝王的陵墓，发现凡是身穿金缕玉衣的，尸体保存都非常好，栩栩如生就像活着的时候一样。

其实是假的。

考古发掘显示，即使穿了金缕玉衣，尸骨也会腐烂。但是，这个以玉衣作为殓服以保尸骨不朽的神话，最终竟然成为一项制度，供汉代上层社会的部分显贵人士享用。

谣言止于智者啊。

尸骨不朽？我们差点就信了！

了不起的文物

到了东汉时期，玉衣明确分为金缕、银缕和铜缕三个等级，并确立了分级使用的制度。

金缕玉衣 皇帝 ▶ **银缕玉衣** 诸侯王 ▶ **铜缕玉衣** 大贵人

你知道吗？

用玉和金线做的衣服有多贵重呢？

制作一件中等型号的玉衣所需的费用几乎相当于当时一百户中等人家的家产总和。而用金缕玉衣作殓服不仅没有实现权贵们永保尸骨不坏的心愿，反而招来了不少盗墓贼。

制作费 ◎？ 中等型号

100户 ≈ 中等人家家产总和

14 一把可以当钱花的刀

金错刀币

结账,不用找了!

有话好好说,别动刀!

了不起的文物

博物馆：中国国家博物馆

大家看着这件文物会想到什么东西呢？一把钥匙？一把小刀？其实这是一枚 铜钱 。

所以，大家都爱叫我孔方兄。

铜钱不都是圆圆的，中间有个方形的孔吗？

专家：铜钱可不都是圆的。

金错刀币

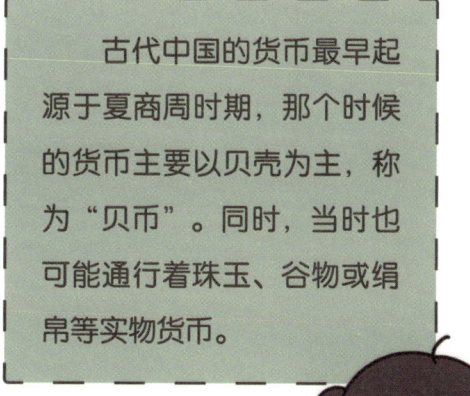

刀币

布币 圆钱 huán

古代中国的货币最早起源于夏商周时期，那个时候的货币主要以贝壳为主，称为"贝币"。同时，当时也可能通行着珠玉、谷物或绢帛等实物货币。

哦，北鼻。

到了春秋战国的时候，金属货币逐渐普及，出现了各种形状的货币，其中以刀币、布币、圆钱为主。

我们现在看到的这枚金错刀币，上面写着"一刀平五千"，意思就是一枚刀币可以当五千枚五铢钱来用。它是西汉末年王莽改革币制的时候，铸造的一种新的货币。其样式可能是借鉴了战国时期的刀币，又结合了方孔圆钱的造型。

哇，这比百元大钞都贵重啊！

了不起的文物

呜呜呜，搞砸了。

而王莽的一通货币制度改革，把整个国家搅得昏天黑地，遭到了无数民众的抵制，引发了社会大乱。

你知道吗？

可别小看金错刀币上"一刀平五千"这几个字，"一刀"二字是阴刻，刀身上的"平五千"三字则为阳文，也就是凸起来的，这种工艺在当时可谓相当繁杂。那你知道这几个字用的是什么字体吗？

答案是小篆。

阳刻

阴刻

李斯：小篆的确立，我可是功不可没啊！

一刀还能看出来，后面三个字太难读了！

15 卷轴里的神仙姐姐

《洛神赋图》

哇,神仙姐姐!

了不起的文物

《洛神赋》是中国三国时期著名的大才子曹植创作的千古名篇。作者幻想自己和美丽的神仙姐姐——洛神从邂逅到彼此爱慕，但是由于凡人和神仙不能生活在一起，最后洛神伤心地离开，而曹植也郁郁寡欢，为情所伤。

博物馆：故宫博物院

呜呜呜，作为作者，我为什么要给自己安排这么一个悲伤的结局？

《洛神赋图》

东晋著名的大画家顾恺之把《洛神赋》画成了一幅绝美的长卷。我们现在看到的应该是宋人临摹版，原作已经不知所终。

怎样将绝妙佳句通过绘画手法展现出来呢？顾恺之一定遇到难题了吧？

"皎若太阳升朝霞"
"灼若芙蕖出渌波"

洛神出场那是"翩若惊鸿，婉若游龙"。

学霸就是喜欢挑战难题，嘿嘿嘿！

牛！

59

了不起的文物

顾恺之画作的线条别具一格，人们称之为"春蚕吐丝"。他笔下的线条就像蚕宝宝吐出来的丝一样：均匀、绵密、柔韧，连绵不断，有种美妙的韵律感。

> 原来，我吐的不是丝，是艺术啊。

你知道吗？

曹植是历史上知名的大才子，留下了七步成诗的美谈，是著名的"建安三曹"中的一位。那你知道其他两位是谁吗？

那就是曹植的爸爸曹操和他的哥哥曹丕。

"王子"和公主跨国的婚姻

《步辇图》

六一文艺汇演

从此,赞普和公主幸福地生活在了一起……

了不起的文物

《步辇图》讲的是一个发生在唐代的外交故事：这个吐蕃的赞普叫松赞干布，他想和大唐建立友好的外交关系，于是派使者禄东赞千里迢迢来到长安求亲。唐太宗最终同意将文成公主嫁给松赞干布，汉藏联姻，互通有无，共同维护边境地区的和平与安宁。

博物馆：故宫博物院

看着好幸福呀！

《步辇图》

我们现在看到的这幅《步辇图》应该是宋摹本，它的原作者是唐代著名政治家、画家阎立本。

科技改变生活！

我是典礼官。

盛装打扮的就是我——吐蕃使者禄东赞。

我是翻译啦。

连我都认不出来吗？！

唐太宗

为什么唐太宗这么大呢？他是个大胖子吗？

才不！太宗可英明神武、俊朗帅气着呢！

这种构图方式叫"**主大从小**"，地位尊贵的主角要画得大一些，地位卑微的就画得小一些，目的是突出太宗皇帝的形象高大、气宇轩昂。

布达拉宫

真的好壮观啊!

你知道吗?

　　布达拉宫依山垒砌,群楼重叠,殿宇嵯峨,气势雄伟。作为中国多民族融合的见证和极其重要的文化遗产,这里备受世人瞩目。你知道布达拉宫最早是由谁主持修建的吗?又是为了谁而建的呢?

　　布达拉宫始建于公元 7 世纪,最初是吐蕃王朝赞普松赞干布为迎娶来自大唐的文成公主而兴建的王宫。宫内宫室众多,富丽壮观,可惜后来毁于雷电和战火等。后经过不断地扩建和修缮,布达拉宫才形成现今的规模。

天才少年遇见奇葩皇帝

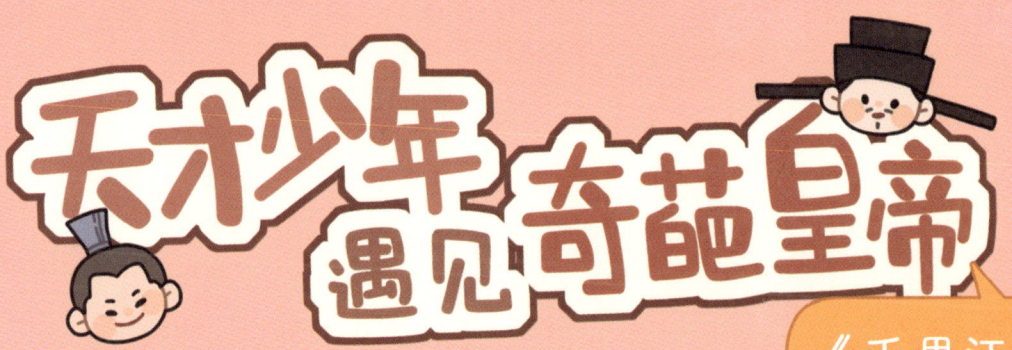

《千里江山图》

了不起的文物

《千里江山图》是"中国十大传世名画之一"。创作它的是一位天才少年，当年，在宋徽宗亲自点拨下，王希孟完成了这幅大作。说起宋徽宗，他可是位顶顶好的艺术家！但他在自己的皇帝职业生涯里把国家搞得乱七八糟，《水浒传》中官逼民反的故事就发生在他执政时期。

博物馆：故宫博物院

出生年代：北宋

> 我不要面子的啊！

昏君排行榜

《千里江山图》

看这画面是一派岁月静好、国泰民安的景象啊!

画家的笔,笔下生花。

那时候,宋徽宗很喜欢大臣蔡京,于是把《千里江山图》赏赐给了蔡京。蔡京虽然是个奸臣,却是位书法大家,他在画作上留了题跋,也正是因为他的题跋,我们才得知了创作者王希孟的点滴信息和这幅画的来历。后来,清代的乾隆皇帝也酷爱这幅佳作,他在此画上留下许多墨宝和印章。

宋徽宗:我的点拨那是四两拨千斤,你呢?

蔡京:我的题跋那是锦上添花,你呢?

乾隆:我?自信的人最美丽!

了不起的文物

《千里江山图》里画了什么呢？

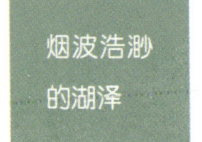

- 层层叠叠的山峦
- 烟波浩渺的湖泽
- 山水间有茅屋草舍、亭台楼阁、长桥渡口、寺庙佛塔
- 其间人物不乏行人、渔夫、村民、旅客、隐士……

你知道吗？

你知道，《千里江山图》的创作者王希孟在完成这幅绝世佳作的时候多大吗？他当时仅仅十八岁哦。

按照你们现在的算法，我大概上高中二年级了。

小学生表示目瞪口呆

宋代的广告

济南刘家功夫针铺广告青铜板

了不起的文物

博物馆：中国国家博物馆

> 这是块青铜模板，专门用来 印刷广告 的。
>
> 宋代城市人口众多，大都市的人口能达到百万量级，中等城市人口也在十万以上，所以人们的购买力绝对是"杠杠滴"。当时街头巷尾遍布各类商店和手工作坊，同行之间的竞争非常激烈，如果商家不卖力吆喝自己的产品，很容易就惨遭淘汰。所以，头脑灵活的商人就要想尽办法给自己的产品做广告。

毕竟，酒香也怕巷子深嘛！

同意

确实，确实！

宋代的广告有哪些呢？

- 店铺招牌广告：陈家彩帛铺、钱家干果铺、王家纸马店
- 实物广告：酒旗、药店、灯笼店
- 传单广告

"这是我们家店名。"

"这是我们家商标。"

这块铜版正中偏上刻着一只拿着铁杵捣药的白兔，白兔四周刻着密密麻麻的小字：上方写有"济南刘家功夫针铺"；左右为"认门前白兔儿为记"；下方为"收买上等钢条，造功夫细针。不误宅院使用，转卖兴贩，别有加饶，谓记白"。

"我们家诚信经营，货真价实，欢迎加盟哟！"

了不起的文物

你以为这只是一张普普通通、平平凡凡、简简单单的纸吗？

啊，不然呢？

开天辟地！身价不菲！前无古人，后有来者！

这可是一张有身份的纸！

你知道吗？

你可别小看这张小小的广告传单哟，它有一个超牛的隐藏身份，你知道是什么吗？

隐藏身份揭晓：世界上最早出现商标的广告。

原来这么早就有广告了啊！

索 引

猪纹陶钵(bō) 01

《千里江山图》 65

睡虎地秦简 25

四灵瓦当 29

《步辇图》 61

船形彩陶壶 05

②号

金错刀币 53

《洛神赋图》57

盐场画像砖 33

长信宫灯 37

"后母戊"青铜方鼎 09

妇好墓嵌绿松石象牙杯 13

③号

错金银云纹青铜犀尊 21

太阳神鸟金饰 17

满城汉墓玻璃耳杯 45

济南刘家功夫针铺广告青铜板 69

中山靖王刘胜的金缕玉衣 49

雷台墓铜奔马 41

接下来，请家长帮助小朋友剪下问题卡片，让我们开启"你问我答"的游戏之旅吧！

丙	甲	乙
难度 ★★☆☆☆	难度 ★★★★★	难度 ★★★☆☆
这只陶钵上刻画的是什么动物？	猪纹陶钵出土于哪儿？	吃同样的饲料，猪和牛谁长得更快呢？
 乙	甲	乙
难度 ★★★☆☆	难度 ★★★★☆	难度 ★★★☆☆
船形彩陶壶上的两个小孔是用来干什么的呢？	渔网边上的小三角有什么作用呢？	这件大方鼎的肚子里刻着几个字？

流淌的中华文明史 答案：猪	流淌的中华文明史 答案：河姆渡	流淌的中华文明史 答案：猪
流淌的中华文明史 答案：3个	流淌的中华文明史 答案：让网迅速下沉	流淌的中华文明史 答案：穿绳

甲	超	丙
难度 ★★★★★	难度 ★★★★★	难度 ★★☆☆☆
"后母戊"青铜方鼎的"戊"是指哪位君王的妻子?	我国目前发现最大、最重的青铜器是什么?	这件器物是用来干什么的?

超	甲	丁
难度 ★★★★★	难度 ★★★★☆	难度 ★★★★★
古埃及国王的木乃伊的装饰物上镶嵌着什么宝石?	妇好墓嵌绿松石象牙杯刚做出来的时候是什么颜色的呢?	太阳神鸟金饰上一共有几条旋转的光芒?

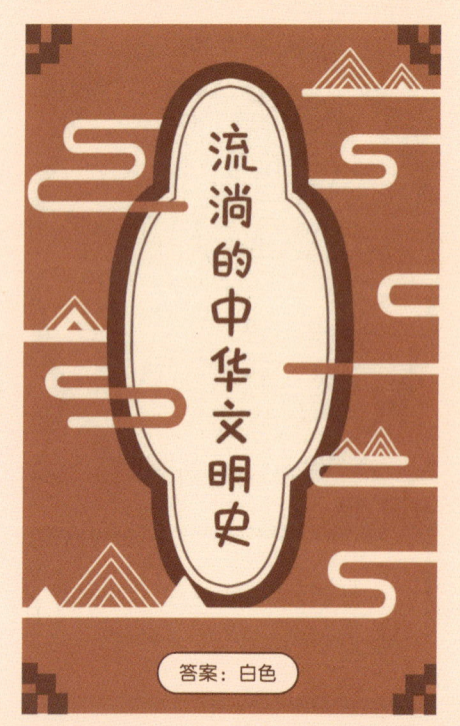

流淌的中华文明史	流淌的中华文明史	流淌的中华文明史
答案：酒杯	答案："后母戊"青铜方鼎	答案：商王武丁
流淌的中华文明史	流淌的中华文明史	流淌的中华文明史
答案：12条	答案：白色	答案：绿松石

甲	超	乙
难度 ★★★★★☆	难度 ★★★★★★	难度 ★★★☆☆☆
太阳神鸟金饰的含金量是多少呢？	太阳神鸟金饰上的4只神鸟代表了什么？	这只青铜犀牛是用来干什么的？

丙	甲	超
难度 ★☆☆☆☆☆	难度 ★★★★☆☆	难度 ★★★★★★
春秋战国时的犀甲是用什么做的呢？	酒是从青铜犀尊的哪个部位流出来的呢？	睡虎地秦简的主人是谁？

流淌的中华文明史

答案：酒器

流淌的中华文明史

答案：四季

流淌的中华文明史

答案：94.2%

流淌的中华文明史

答案：喜

流淌的中华文明史

答案：嘴巴右边的小孔

流淌的中华文明史

答案：犀牛皮

乙	丁	丙
难度 ★★★☆☆	难度 ★☆☆☆☆	难度 ★★☆☆☆
睡虎地秦简上主要记载的是哪个朝代的法律？	中国最早的文字是什么？	瓦当最初是什么形状的？

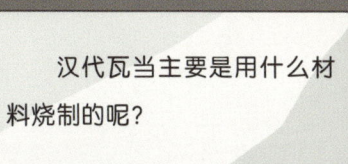

丁	超	甲
难度 ★☆☆☆☆	难度 ★★★★★	难度 ★★★★☆
汉代瓦当主要是用什么材料烧制的呢？	玄武代表了东南西北中的哪个方位呢？	这块画像砖上的图案展现了人们在哪里劳动的场景呢？

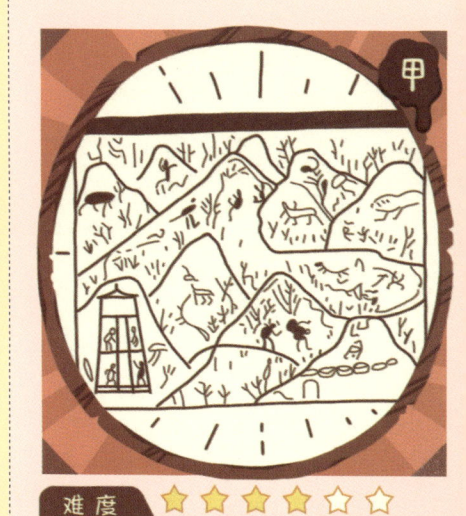

流淌的中华文明史	流淌的中华文明史	流淌的中华文明史
答案：半圆形	答案：甲骨文	答案：秦代
流淌的中华文明史	流淌的中华文明史	流淌的中华文明史
答案：蜀地的井盐盐场	答案：北方	答案：陶土

难度 ★★★★★	难度 ★★★☆☆	难度 ★★☆☆☆
池盐是指从哪里获取的盐？	长信宫灯一共可以被拆分成几个部分？	长信宫灯燃烧时，黑烟会从灯罩处冒出来吗？

难度 ★★★☆☆	难度 ★★★☆☆	难度 ★★★★☆
汉代的灯油是用什么动物的油脂做的？	这匹铜奔马的脚上踩的是什么？	汉朝的汗血宝马是从哪儿引进的呢？

流淌的中华文明史	流淌的中华文明史	流淌的中华文明史
答案：不会	答案：6个	答案：咸水湖
流淌的中华文明史	流淌的中华文明史	流淌的中华文明史
答案：西域	答案：小飞禽	答案：鱼和羊

难度 ★★☆☆☆	难度 ★★★☆☆	难度 ★★★☆☆
这件器物是什么材质的？	耳杯是用来装什么的呢？	这件金缕玉衣的主人是谁？

难度 ★★★★☆	难度 ★★☆☆☆	难度 ★★★★☆
在东汉时期，诸侯王只能使用什么形制的玉衣？	金错刀币是由谁改铸的货币？	"一刀平五千"是指一枚金错刀币可以当作几枚五铢钱用？

流淌的中华文明史	流淌的中华文明史	流淌的中华文明史
答案：刘胜	答案：美酒、菜肴、作料等	答案：玻璃
流淌的中华文明史	流淌的中华文明史	流淌的中华文明史
答案：五千枚	答案：王莽	答案：银缕

难度 ★★★☆☆☆	难度 ★★★★☆☆	难度 ★★★☆☆☆
上面哪一个不是古时候的货币图形呢?	《洛神赋》是谁写的呢?《洛神赋图》又是谁画的呢?	顾恺之画的线条被后人称为什么?
难度 ★★☆☆☆☆	难度 ★★★★★☆	难度 ★★☆☆☆☆
《步辇图》记录了哪个朝代的外交故事?	画作《步辇图》中,这位官员是谁?	吐蕃赞普松赞干布迎娶了唐朝的哪位公主?

流淌的中华文明史

答案：春蚕吐丝

流淌的中华文明史

答案：曹植、顾恺之

流淌的中华文明史

答案：图

流淌的中华文明史

答案：文成公主

流淌的中华文明史

答案：典礼官

流淌的中华文明史

答案：唐代

乙 ★★★☆☆ 《千里江山图》的作者是谁？	 甲 ★★★★★ 宋徽宗把《千里江山图》送给了谁？	 乙 ★★★☆☆ 王希孟在几岁的时候完成了《千里江山图》？
 乙 ★★★☆☆ 这块青铜模板是用来干什么的呢？	 甲 ★★★★☆ 如图，这块青铜模版宣传的是一家什么店铺？	 丁 ★☆☆☆☆ 济南刘家功夫针铺广告青铜板的中间刻了只什么动物？

流淌的中华文明史 — 答案：18岁	流淌的中华文明史 — 答案：蔡京	流淌的中华文明史 — 答案：王希孟
流淌的中华文明史 — 答案：兔子	流淌的中华文明史 — 答案：功夫针铺	流淌的中华文明史 — 答案：印刷广告